TRUMPELSTÖLZCHEN IM LAND VON UCK

*außer Trumpelstölzchen

Über die Übersetzerin

Marianna Sacra übersetzt Unterhaltungsmedien aus dem Englischen ins
Deutsche. Außer den Trumpelstölzchen-Büchern hat sie an haufenweise
ausgezeichneten Videospielen gearbeitet, zum Beispiel *Begrabe mich,
mein Schatz* und *Black Desert Online*. In ihrer Freizeit zählt sie
Kaffeebohnen, züchtet Sukkulenten und stellt skurrile Schmuckstücke
her. Sie lebt mit ihrer Familie in Cambridge, Massachusetts.

Wenn sie gerade keine fantastischen Welten nach Deutschland bringt,
schreibt sie auf www.1uptranslations.com über das Übersetzen.

TRUMPELSTÖLZCHEN IM LAND VON UCK

Martin Treanor

DANKSAGUNG

Martin Treanor möchte der grenzenlosen Lächerlichkeit des Lebens, des Universums und der ganzen verrückten Welt danken. Besonders den Menschen, die eine nahezu unerschöpfliche Fähigkeit dafür haben, genau das zu tun, was ihnen am meisten schadet.

Also, vielen Dank dafür.

Ohne den ganzen Irrsinn wäre dieses Buch niemals zustande gekommen.

Viele Reisestunden entfernt von Trumpelstölzchens Reich von *Nicht Weit Weit Weg Genug*, auf der anderen Seite eines sehr weiten Gewässers, lag das geheimnisvolle Land von UcK. Es war ein merkwürdiger Ort, an welchem die Menschen sprachen, als hätten sie Murmeln im Mund, und wo jeder in eindrucksvollen Palästen wohnte, außer den Armen (all jene, die kein goldenes Klo besaßen), und wo alle ihre Königin verehrten, nicht jedoch den Hofnarren, Bojo den Blödel.

Laut *Fibber Fox' Flunkermärchen*, und genau wie Trumpelstölzchen selbst, war Bojo sehr, sehr intelligent und hatte viele schöne unglaubliche und unglaublich schöne Ideen. Auch er war ein stabiles Genie, das immerzu sagte, dass *„es schon so gut wie erledigt"* sei – was auch immer er mit *es* meinte. Und Hennity Bennity versprach Trumpelstölzchen, dass er in Bojo einen guten Freund gefunden habe, der ihm viele wunderbare Geschenke machen werde, wie zum Beispiel kostenlosen Handelskram und etwas, das er *Gesundheitsdienst* nannte, obwohl in Trumpelstölzchens Gefilden noch nie jemand von so etwas gehört hatte.

Zu dieser Zeit ging das Land von UcK durch eine Phase,
die sich *Brexit* nannte. Das hörte sich wie etwas Essbares an,
und Essen war Trumpelstölzchen immer recht.

Wie sich herausstellte, bedeutete Brexit
jedoch, dass sich das Land von UcK mit
seinen benachbarten Freunden verzofft
hatte und nun wie ein kopfloses Huhn
herumirrend nach neuen Freunden – oder
zumindest einem – suchte. Und sie würden
sich wirklich mit jedem zufriedengeben.

Nachdem Trumpelstölzchen davon erfahren hatte, erhob er seine perfekte Wampe, fuhr mit einer Bürste durch sein feines, eigenwilliges Haar und machte sein Hängebackengesicht oranger als je zuvor. Dann zog er mit seiner neuesten Prinzessin, Malificenia, davon. Diese hatte Trumpelstölzchen durch seinen allerbestesten Freund kennengelernt, dem bösen Kobold Puti Put, als er bei ihm wohnte und ihn um haufenweise Gefallen bat.

Und so machte er sich auf den Weg über den weiten, breiten Ozean und erreichte schließlich das Land von UcK, wo er von mehr Menschen begrüßt wurde, als er zählen konnte. Das war keine große Überraschung, denn genau wie Worte, „*wusste Trumpelstölzchen auch Zahlen nicht so gut*".

Die Leute trugen Plakate und riefen ihm warme Willkommensworte entgegen: *Hau ab, Nimm Bojo mit*, und *Lass deine winzigen Babyhände von unserem Gesundheitsdienst* – was auch immer ein Gesundheitsdings war. Vielleicht eine Art besonders schöne Schokoladentorte. Schöne Schokoladentorte mochte Trumpelstölzchen wirklich gerne.

Nach diesem mitreißenden, herzlichen Willkommen bestand er darauf, die Königin des Landes von UcK in ihrem prachtvollen Palast zu besuchen, wo er an einer Zeremonie namens *Fünfuhrtee* teilnahm.

Die Königin war da.

Ihr Sohn, sein guter alter Freund, Andy Handsy, war da.

Ein paar andere – unwichtige – Leute waren da.

Wer nicht da war, war einer der hiesigen Ausrufer, der Bunte Trottel, der Trumpelstölzchen unbedingt kennenlernen wollte. Doch weil den niemand ausstehen konnte, bettelte er die ganze Zeit vor den Palasttoren vergebens um Einlass. Er weinte wie ein zartes Schneeflöckchen, beinahe so sehr wie Trumpelstölzchen, wenn Leute ihn wahrer aber scheußlicher Dinge beschuldigten.

Draußen vor dem Fenster erzeugten die Rufe der Menschenmassen ein Echo um den Thronsaal und erinnerten ihn an die vielen Menschen, die ständig vor seinem zweiten Wohnsitz, dem verschwenderisch großen Weißen Haus (Weiß ist ja Trumpelstölzchens Lieblingsfarbe), auftauchten und aus vollem Halse darum baten, ihm viele kläglich schöne Pfirsiche zu geben. Was sehr nett war. Aber Trumpelstölzchen mochte kein Obst. Obst war für Versager. Obst war *Fake News*. Er aß nur Unmengen schöner Schokoladentorte. Wovon es bei diesem *Fünfuhrtee*-Dings nichts gab. Die belegten Brote waren weich, winzig, dreieckig und voller Gurken. Gurken waren Gemüse, was genauso *Fake News* war wie Versagerobst. Immerhin gab es Teegebäck, aber das war sogar noch winziger als die belegten Brote.

Er war am Verhungern. Wie soll man denn bitte mit solchen Portiönchen seine perfekte Wampe in Form halten?

Glücklicherweise tauchte Bojo der Blödel mit einer Schokoladentorte auf, die er bei Old Macdonald erstanden hatte. Trumpelstölzchen war überglücklich.

Sobald er den letzten Krümel verschlungen hatte, pflanzte er seinen wabbeligen Hintern auf einen Stuhl, schenkte der Königin ein Lächeln – die ihm übrigens keins zurückschenkte – und begutachtete den Thronsaal.

Trumpelstölzchen hatte keinen Thronsaal. Er hatte noch nicht mal einen Thron. Trumpelstölzchen wollte aber einen Thron. Einen echten Thron, nicht nur ein goldenes Klo. Er wollte ihn so sehr, dass er noch quengeliger wurde als sonst. Er plärrte, heulte und stampfte mit den Füßen.

„Bu-hu-huuu", heulte, plärrte und bläkte er. „Besorg mir einen Thron. Und zwar sofort!", schrie er Pompelo an, seinen Elfen. Dieser war für das Kaufen von Dingen zuständig.

„Die sind bereits alle vergeben", antwortete Pompelo.
„Und außerdem bekommen nur echte Könige und
Königinnen einen Thron."

Trumpelstölzchen
stampfte mit seinen
fersenspornlosen Füßen.

„Ich *bin* ein echter König!", schnaubte er. „Das
sagt jeder. Ich bin der besteste aller Könige. Und
ich will meinen Thron, und zwar sofort!", heulte er.

„Aber es gibt keine mehr."

„Dann besorg mir den Thron der Königin
von UcK."

Pompelo tanzte seinen Nachdenktanz.

„Das könnte funktionieren", sagte er schließlich.
„Und dank Bojo, der es sich mit seinen Nachbarn
verscherzt hat und verzweifelt nach neuen Freunden
sucht, könntet Ihr vielleicht sogar jeden Winkel des
Landes von UcK aufkaufen."

Trumpelstölzchen lächelte – ein seltener
Anblick, denn normalerweise war er viel zu
sehr mit Plärren, Jammern, Heulen und
genereller Unzufriedenheit beschäftigt.

„Ihr könntet ihm weismachen, dass er etwas aus Eurem dickem fetten Sack magischer Bohnen bekommt", fuhr Pompelo fort. „Das wird ein Kinderspiel. Bojo ist so verzweifelt auf der Suche nach Freunden, dass er zu allem ja sagen wird. Das ganze Land von UcK wird Euer sein … sogar der Thron."

Das Lustige daran war, dass *Nicht Weit Weit Weg Genug* einst zum Land von UcK gehörte. Damals hieß es noch Großes Wunderbares Brillantes Britland und regierte die Welt – und genau das wollte Trumpelstölzchen.

Male mich aus!

Zufrieden, zumindest für den Augenblick, zog sich Trumpelstölzchen zurück in sein Gemach im prächtigen Palast der Königin, verschlang ein prächtige Platte schöner Schokoladentorte und fiel in einen prächtigen Schlaf.

Er träumte davon, endlich einen Thron zu bekommen, von riesigen Golfplätzen, Malificenia (die übrigens nicht mehr im selben Bett mit ihm schlief – nicht dass sie das jemals getan hätte) und davon, wie er eines Tages der König von allen und allem sein würde.

Sein eigenes Königreich besaß er bereits. Dank Bojo dem Blödel würde ihm bald auch das Land von UcK gehören. Und außerdem hatte er Pompelo schon beauftragt, einen Deal für das Grüne Eiland, das auf der Welt ganz oben zu finden ist, zu arrangieren.

Doch leider gab es da drei Orte, von denen er
wusste, dass er sie niemals besitzen würde:
Puti Puts Reich der Schachtelpuppen,
Genie Jins Land der Herbstrollen und das
düstere Königreich im Norden, in dem
der böse Hexer Kim regierte. Genau wie
Vet Nam war auch Kims Königreich ein
schrecklicher Ort. Der Kim war ein helles
Kerlchen, fast so helle wie Trumpelstölzchen,
und genau wie er hatte Kim auch Raketen,
obwohl er behauptete, keine zu haben, und
Trumpelstölzchen ihm jedes Wort glaubte.

Doch das ist wieder mal eine andere Geschichte.

ÜBER DEN AUTOR

Martin Treanor ist Autor und Illustrator – was eigentlich keiner Erwähnung bedurfte, da er alle Trumpelstölzchen-Bücher schreibt und illustriert. Er mag Kaffee, Kuchen und Kuchen, lebt nicht am hipsten Ort der Welt, hat aber dafür zwei andere coole Bücher geschrieben: *The Silver Mist* und *Dark Creed*. Außerdem hat er eine Menge Kurzgeschichten geschrieben … oh, und ein paar andere Sachen illustriert.
Er mag Kuchen.

Mehr auf: *www.MartinTreanor.COM*
Martin Treanor wird repräsentiert durch
DRPZ™ [www.drpz.net]

Lies mehr über unseren überstolzen „Helden" in *Trumpelstölzchen und der Meister Fersensporn* und *Trumpelstölzchen und der Anklagepfirsich*!

Mehr Infos über dieses sehr stabile Genie findest du auf:

TheTalesOfTrumplethinskin.com
MartinTreanor.com
ANiceCuppaTea.com

@TrumpleTales

TINY HANDS
PRESS

RATTENFÄNGER
Die Vermittlungsagentur mit Tradition

NAME: Trumpelstölzchen (zweiter Versuch)
BERUF: Traumhafter Thron-Liebhaber und überbestester Magische-Bohnen-Sammler
VORLIEBEN: Magische Bohnen, Throne und goldene Klos
ABNEIGUNGEN: Nervige Reporter, die Fragen stellen
BESTE EIGENSCHAFT: Weiß alles besser als alle Experten zusammen
SCHLECHTESTE EIGENSCHAFT: Keine – ich bin in allem der Besteste
LIEBLINGSESSEN: Immer noch schöne Schokoladentorte
AM LIEBSTEN MAG ICH: Mich

PROFIL:

Das ist mein zweiter Anlauf – auf meinen letzten Versuch habe ich keine einzige Antwort bekommen.
Aber so ist das eben mit Fake News.

Ich lebe immer noch in *Nicht Weit Weit Weg Genug* und werde eines wunderbaren Tages der König der ganzen Welt sein. Meine perfekte Wampe ist seit meinem letzten Eintrag noch größer und damit noch liebenswerter geworden, und mein liebliches oranges Gesicht strahlt wie die Sonne am Himmel.

Lass dich auf mich ein und ich werde dir die besten zwei Sekunden deines Lebens schenken. Ich weiß, meine letzte Schätzung lag darüber, aber das liegt bloß an dem Stress, den es mir bereitet, ständig Fragen über Dinge auszuweichen, die ich tatsächlich getan und gesagt habe. Auch diesmal gefälligst keine Elfen, Kobolde und dergleichen – die sind bloß für dubiose Geschäfte gut. Oh, und auf keinen Fall nervige Reporter . . .
die kann ich gar nicht ausstehen.